# 北欧ゆるとりっぷ

心がゆるむ北欧の歩き方

## はじめに
## 北欧ゆるとりっぷのすすめ

空前の北欧ブームだといいます。北欧雑貨やデザインを目にする機会は
ぐっと増え、ふとした会話の中で「しあわせの国」として語られること
も増えました。果たして北欧はしあわせの国なのか？それは正直わかり
ません。でも繰り返し北欧へ行き、これだけは確かに言えることがあり
ます。それは、北欧の人々は休み上手だということ。

その昔「日本を休もう」という広告コピーがありました。多くの人の共
感を得て、広告の賞も獲った名コピーです。当時まだその言葉のよさが
わからなかった自分も社会に出て働き、日々の雑事が増えるにつれ、あ
のコピーがじわりと胸にささるようになりました。ああ、自分って休む
のが下手なのかもしれないと。

北欧の人々はリフレッシュするのが上手です。切り替えが上手です。仕
事の手を止めて、ひと息ついて、気持ちをゆるめる。忙しくても、やる
ことが山積みでも、それでも手を止める。彼らが人生でもっとも真剣に
取り組んでいること、それは休むことなんじゃないかとすら思います。

コーヒーを飲んでひと息つく。散歩する。友人と話す。そうした時間は
確かに私たちにエネルギーをくれるのです。新しいアイデアが生まれる
こともある。もちろん、目の前にある大変なことはすぐには変わらない
かもしれないけれど、手を止めてひと息つく。休む。それは思っている
以上に大切なことなのだと、私は北欧の人々から学びました。

人生で、誰でも一度は北欧へ行くといい。私は心からそう思っています。
子育て中だったり、仕事がのっていて時間が取れなかったり、家の事情
で離れられなかったり、経済的に余裕がなかったり、いますぐには旅に
出られない人にも、いつかぜひ！とメッセージを送り続けたい。

まずは日本にいながら、ひと息ついてもらえるような本を書きたいと思
いました。いま書かなくてはと思いました。いまちょっと忙しいみなさ
んも、ぜひ一緒に北欧ゆるとりっぷを楽しんでもらえたら嬉しいです。

# contents

1 北欧の朝ごはん・・・・・・・・・・・・・・・・・ 6
2 ピクニックの時間・・・・・・・・・・・・・・・・・ 8
3 泊まる場所の選び方・・・・・・・・・・・・・・・ 10
4 自転車の似合う街・・・・・・・・・・・・・・・・ 12
5 市場のスープ・・・・・・・・・・・・・・・・・・ 14
6 あおい目のこねこを探して・・・・・・・・・・・ 16
7 トラムとバスで街めぐり・・・・・・・・・・・・ 18
8 遊べる美術館・・・・・・・・・・・・・・・・・・ 20
9 フィーカのパン・・・・・・・・・・・・・・・・・ 22
10 公園でごろり・・・・・・・・・・・・・・・・・・ 24

ゆるcolumn 北欧のはにかみ顔・・・・・・・・・ 26
ゆるcolumn ゆるキャラ探し・・・・・・・・・・・ 27

11 マリメッコの楽しみ方・・・・・・・・・・・・・ 28
12 暮らしを変えるテキスタイル・・・・・・・・・ 30
13 住宅街を歩く・・・・・・・・・・・・・・・・・・ 32
14 ちいさな蚤の市・・・・・・・・・・・・・・・・・ 34
15 北欧のソウルフード・・・・・・・・・・・・・・ 36
16 街中のアート探し・・・・・・・・・・・・・・・・ 38
17 紙もの、大人買い・・・・・・・・・・・・・・・・ 40
18 郵便局は楽し・・・・・・・・・・・・・・・・・・ 42
19 いつも片手にアイスクリーム・・・・・・・・・ 44
20 街を見おろす・・・・・・・・・・・・・・・・・・ 46

ゆるcolumn 肩の力が抜ける魔法の言葉・・・・ 48
ゆるcolumn 同じメニューにほっとして・・・・・ 49

21 船は最高の休憩場所・・・・・・・・・・・・・・ 50
22 北欧の鳥を見つける・・・・・・・・・・・・・・ 52
23 ヘンな食べ物にトライ・・・・・・・・・・・・・ 54
24 電車でGO・・・・・・・・・・・・・・・・・・・・ 56
25 北欧のパンケーキ・・・・・・・・・・・・・・・ 58

26 スローライフな雑貨たち ・・・・・・・・・・・・・・・ 60

27 人とつながるイベント ・・・・・・・・・・・・・・・ 62

28 スーパーマーケット探検 ・・・・・・・・・・・・・・ 64

29 ランチタイムにグルメを ・・・・・・・・・・・・・・ 66

30 森でベリーとキノコ摘み ・・・・・・・・・・・・・・ 68

31 サマーハウスのすすめ ・・・・・・・・・・・・・・・ 70

ゆるcolumn 暮らしに必要なもの ・・・・・・・・・・・・ 72

ゆるcolumn リサイクルは体にいい ・・・・・・・・・・・ 73

32 心地よい灯りと過ごす ・・・・・・・・・・・・・・・ 74

33 NO BEER NO LIFE ・・・・・・・・・・・・・・・・・ 76

34 北欧の音色 ・・・・・・・・・・・・・・・・・・・・ 78

35 北欧式クリスマスの過ごし方 ・・・・・・・・・・・・ 80

36 北緯66.33度のあたたかさ ・・・・・・・・・・・・・ 82

37 サウナのあとの湖 ・・・・・・・・・・・・・・・・・ 84

38 コロニーヘイヴに潜入 ・・・・・・・・・・・・・・・ 86

39 LOVE!おみやげ屋さん ・・・・・・・・・・・・・・・ 88

40 ごきげんな空港 ・・・・・・・・・・・・・・・・・・ 90

ゆるcolumn 北欧で踊って ・・・・・・・・・・・・・・・ 92

マイ・ベスト・ゆるスポット ・・・・・・・・・・・・・・ 93

ヴェーテカッテン 94 / ローゼンダール・トレードゴード 95 / ブロー 96
ヴィーゲラン・パーク 97 / キオスク 98 / チボリ公園 99 / カフェ・レガッタ 100
アアルト 夏の家 101 / ロヴァニエミ市立図書館 102 / カフェ・ソマ 103

ゆるcolumn 年越しの儀式 ・・・・・・・・・・・・・・・ 104

北欧ゆるとりっぷを楽しみたい方に ・・・・・・・・・・・ 105

北欧ゆるとりっぷのおみやげ ・・・・・・・・・・・・・・ 106

🇫🇮 フィンランド　🇸🇪 スウェーデン　🇩🇰 デンマーク　🇳🇴 ノルウェー

この本で紹介している内容や情報は2016年9月時点のものです。
その後変更している可能性もあるので、ご了承ください。

## 1 北欧の朝ごはん

北欧を旅していると朝ごはんが楽しみになります。おいしいパンにバターとチーズ、ヨーグルト。ベリーのジャムやいろいろな味のニシン。朝ごはんには北欧のおいしさがつまっています。ホテルの朝食ビュッフェだけでなく、ぜひ街中に出て朝ごはんを食べてみてください。モーニングメニューが充実したカフェや、焼きたてのパンをイートインできるベーカリー、おいしい1杯が飲めるコーヒーショップなどチョイスはいろいろ。アパートメント型ホテルに滞在して、スーパーマーケットや市場で気になる味を買い出ししたり、ベーカリーで明日のパンを選ぶのも楽しいもの。朝ごはんが充実すると一日を元気に過ごせますよね。おいしい朝ごはんとともによい旅を!

左上)カフェ・ヨーロッパ1989の絶品エッグベネディクト。左下)お粥専門店ゴルではシナモンバター&フローズンラズベリーをのせたハーフ・ハーフを注文。右)街中で評判のベーカリーからパンを取り寄せるヨハン&ニーストロンにて。

ノルウェー人が大好きなブラウンチーズのオープンサンド。

## 朝ごはんを食べるなら

🇩🇰 **Europa 1989 ヨーロッパ1989 (コペンハーゲン)**
モーニングやブランチメニューが充実。
http://europa1989.dk

**Grød ゴル (コペンハーゲン)**
北欧家庭の朝食では定番のお粥専門店。
http://groed.com

🇫🇮 **Eromanga エロマンガ・ベーカリー (ヘルシンキ)**
フィンランド人が大好きなピロシキが有名。
http://eromanga.fi

🇸🇪 **Johan & Nyström ヨハン&ニーストロン (ストックホルム)**
街で評判のパンを取り寄せる人気コーヒー店。
http://www.johanochnystrom.se

🇳🇴 **Java ヤヴァ (オスロ)**
バリスタ世界チャンピオンの店。パンも厳選。
http://www.javaoslo.no

## 2 ピクニックの時間

ヘルシンキで取材スケジュールを詰め込んで、せっせと周っていたときに地元の友人が「フィンランドに来たならピクニックしないと!」と突然、連れていってくれたのがハメーンリンナのアウランコ国立公園。背の高い木を見上げ、おとぎ話に出てきそうな塔を目指して坂道を登って行くと、目の前には森と湖の絶景が待っていました。近くのキオスクで買ってきたサンドイッチとコーヒーを食べながら、確かにフィンランドでこの体験をしないのはもったいないなあと深呼吸。そうかフィンランドの人たちは忙しくても、こうやって気軽に森や自然に出掛けるんだなと気づきました。リフレッシュ上手の北欧の人たちに混じってピクニック体験。ぜひおすすめです。

車でアクセスできる場所から眺めのいいスポットまでは、ほどよい距離。新鮮な空気を吸って、森林浴しながらの短い山登りの気持ちいいこと！目の前に広がる絶景には思わず笑顔がこぼれます。塔に登ることもできるので、さらに絶景を目指しても。

🇫🇮 Aulanko Suomen Keskuspuisto
アウランコ国立公園（ハメーンリンナ）

最寄りのハメーンリンナ駅までヘルシンキ中央駅から列車で1時間15分ほど。駅からバスで10分ほど。

## 3 泊まる場所の選び方

次に来るときはどこに滞在しよう？街を歩きながらそんな思いを巡らせるのも楽しいもの。私は宿を決めるとき、近くによいコーヒーショップがあるかを基準にします。よいコーヒーショップがあるエリアは、おいしいベーカリーや可愛らしい本屋があったりと住みやすそうなことが多いのです。ストックホルムではドロップコーヒーとヨハン＆ニーストロンという人気の2店が並ぶエリアで貸しアパートを探して滞在しました。部屋の近くには地元の人しか来ないような、こじんまりとした雰囲気のよいカフェも発見。毎朝どの店でコーヒーを飲もうかしらと部屋を出て、明日はあのおいしそうなサンドイッチを試してみようなんて考えながら部屋に帰るのです。

北欧の都市部はコンパクトな間取りのアパートが多く、リビング代わりにコーヒーショップを利用する人が昔から多いそう。友だちとおしゃべりしたり、ひとりでのんびり過ごしたり。朝食、ランチ、早めのディナーと外食の高い北欧の街で頼れる場所でもあります。

## この店の近くに泊まりたい

🇸🇪 **Johan & Nyström** ヨハン・ニーストロン
(ストックホルム)
http://www.johanochnystrom.se

**Drop Coffee** ドロップコーヒー
(ストックホルム)
http://www.dropcoffee.com

🇳🇴 **Mocca Caffebar** モカ・カフェバー
(オスロ)
http://www.moccaoslo.no

🇫🇮 **Good Life Coffee** グッド・ライフ・コーヒー
(ヘルシンキ)
http://goodlifecoffee.fi

🇩🇰 **Coffee First** コーヒー・ファースト
(コペンハーゲン)
http://www.coffee-first.dk

## 4 自転車の似合う街

世界でいちばん自転車にやさしい街を目指すコペンハーゲン。専用レーンや信号が整備され、ラッシュアワーともなるとたくさんの自転車がすごい速さで駆け抜けていきます。大きな荷台がついたクリスチャニアバイクもコペンハーゲン名物で、子どもを乗せて走る姿もよく見かけます。コペンハーゲンやオスロの街中には旅行者も利用できる無料のレンタルサイクルがあり、ホテルなどでも貸し出しています。実際に乗れば北欧の街がいかに自転車で過ごしやすいかを実感でき、また自転車目線での街めぐりも楽しいはず。ただし地元の人たちのスピードはとにかく速い！マナーにも敏感なので慣れていないと最初はドキドキするかもしれません。

スローライフの代名詞ともいえる自転車。どこまでも平坦で自転車に乗りやすいコペンハーゲンに対してオスロの街は起伏もありますが、それでも自転車は人気。エコな移動手段としてだけでなく、体を鍛えることもできるし、一石二鳥と考える人も多いようです。

### コペンハーゲン・シティバイクの使い方

パソコンもしくはタブレットで自分のアカウントを作成。市内にあるシティバイクのステーションでログインしてロックを外し、使用します。市内にあるどのステーションに返却してもOK。1時間25DKKほど。ヘルシンキやオスロでもほぼ同様の手続きで使用できます。

🇩🇰 コペンハーゲン・シティバイク
www.bycyklen.dk

🇫🇮 ヘルシンキ・シティバイク
https://www.hsl.fi/en/citybikes

🇳🇴 オスロ・シティバイク
https://oslobysykkel.no

## 5 市場のスープ

旅をしていると、やはり普段とは胃袋の調子も違います。すこし疲れ気味の体に嬉しいのが市場のスープ。ストックホルムのエステルマルム市場で毎回のように食べている『フィスクソッパ』は、魚介がたっぷりと入った北欧式ブイヤベース。うまみたっぷりで胃袋に染みるおいしさです。ヘルシンキのハカニエミ市場に入っているスープ専門店も使い勝手がよく、オレンジ色のニンジンスープや、フィンランドで親しまれているボルシチなど食欲をそそるスープがいただけます。レストランのようにかしこまらず、食材見学のついでに立ち寄れる手軽さは市場ならでは。体も気持ちもほっとさせてくれる市場のスープでエネルギーを補給して、旅の続きを楽しみましょう。

エステルマルム市場で食べる魚のスープ。ニンニク入りのアイオリソース付きで、飽きずに食べられます。セルフサービスで好きなだけパンを食べられるのも嬉しい。

おすすめ市場のスープ

🇸🇪 Östermalm Saluhall
　エステルマルム市場 (ストックホルム)
　ティースタマリの魚介のスープ (fisksoppa)
　http://www.ostermalmshallen.se/handlare/tysta-mari

🇫🇮 Hakaniemen Kauppahalli
　ハカニエミ市場 (ヘルシンキ)
　ソッパケイッティオのニンジンスープ
　(Porkkanakeitto) とボルシチ (Lihaborssi)
　http://www.hakaniemenkauppahalli.fi/kauppias/soppakeittio

## 6　あおい目のこねこを探して

子どもの頃、大好きだった絵本『あおい目のこねこ』がデンマークの絵本だと知ったのは大人になってからのこと。黄色い目のこねこの中で「お前は違う」といじめられても卑屈にならず「へっちゃらへっちゃら!」と明るくずんずん人生を歩む、あおい目のこねこ。ぜひ原語版を手に入れたいと探したところ、コペンハーゲンのデザインミュージアムのショップで発見しました。小ぐまの『ぺち』が仲間と冒険するコミックも子どもの頃のお気に入りで、デンマーク本国ではラスムスの名前で人気者だと知りました。フィンランドのムーミン、スウェーデンのピッピやニルス、ノルウェーのスプーンおばさん。子どもの頃に親しんでいたキャラクターたちと北欧で再会するのも旅の楽しみです。

左上）ヘルシンキにある絵本の店トウッカにはムーミンもいっぱい。右上・左ページ）コペンハーゲンのチボリ公園にはラスマスのコーナーが。パンケーキハウスやショップもあります。

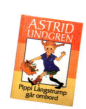

左から『あおい目のこねこ』のデンマーク語版。『長くつ下のピッピ』はストックホルムのリサイクルショップで購入。子どもの頃に愛読していた『ぺち』の絵本。

## 絵本やキャラクターに会える場所

🇩🇰 **Tivoli チボリ公園（コペンハーゲン）**
チボリ公園内にはラスマスの世界が広がるコーナーが。ラスマスのミュージカルも上演。
http://www.tivoli.dk

🇸🇪 **Junibacken ユニバッケン（ストックホルム）**
ピッピの作者リンドグレーンの世界を伝えるテーマパーク。国内最大の児童書店も併設。
http://www.junibacken.se

🇫🇮 **Toukka トウッカ（ヘルシンキ）**
フィンランドの絵本と児童書を多く揃える店。大手書店では扱わないラインナップが魅力。
http://www.toukka.fi

🇳🇴 **Litteraturhuset 文学の家（オスロ）**
絵本も多数揃える書店を併設した文学の家。子ども向けワークショップも開催しています。
http://www.litteraturhuset.no

17

## 7 トラムとバスで街めぐり

疲れたらトラムやバスで休む。これは北欧の街歩きの途中でよくやる作戦です。トラムやバスに乗ってぐるりと1周、休憩がてら街並を見学するのです。面白そうな小道や気になるカフェが見えたら思いつくまま降車して散策しても。8の字状に走り、観光スポットもカバーしているヘルシンキの2・3番トラムや、オスロでは海際を走る12番トラムがとくに気に入っています。ストックホルムとコペンハーゲンは断然バスがおすすめ。橋を何度も渡ってストックホルムの街を外側から眺めるのが楽しい青バス4番、コペンハーゲンでは教会が並ぶ街の中心を横断し、注目のストリートへと抜ける14番が私のお気に入りです。

街歩き初心者なら利用しやすいのはトラム。バスに乗ればさらに行動範囲が広がり、徒歩や電車では行きにくい郊外をざっと見学できます。中心部から外れた注目エリアに足を伸ばすのにも便利。

## おすすめの路線

### 🇫🇮 ヘルシンキの2番・3番トラム
中央駅前で交差し、ヘルシンキを8の字に走る路線（途中で2番から3番に代わります）。港沿いから街中までぐるりと1周できます。

### 🇳🇴 オスロの12番トラム
高級エリアのマヨーストゥエンから、下町のグルーネルロッカまで走る12番。市庁舎前の港を通る気持ちのよいルート。

### 🇸🇪 ストックホルムの3番・4番バス
ハイクラスな雰囲気のオデンプランから旧市街ガムラスタンを通る3番、または賑やかなフリードヘムスプランを通って若者の街セーデルマルムへ橋を渡る4番バス。

### 🇩🇰 コペンハーゲンの14番バス
教会や古い建物が残るコペンハーゲンの街の真ん中を走り抜ける14番バス。途中、くるりと周回するので街並み見学におすすめのルート。

## 8　遊べる美術館

世界でいちばん美しい美術館とも評されるルイジアナ美術館は絶好のピクニック場所でもあります。森に囲まれ海を望む立地が素晴らしく、回廊式の建物からはアートだけでなくその景観もゆっくりと堪能できる仕組みになっています。中庭にも彫像作品やインスタレーションが設置され開放的な雰囲気の中、みな思い思いにその空間を楽しんでいます。じつは建物の周囲にも楽しい仕掛けがあります。建物裏手にある緑に囲まれた長い長いすべり台はスリリングな気分も味わえて、童心に返ってしまいます。随所に遊び心があり、こちらから足を踏み出してアートとたわむれたくなる、そんな経験ができるのがルイジアナのいちばんの魅力でしょう。

ちいさな子ども向けのワークショップも盛んに開催されていて、家族で楽しめるのもルイジアナの魅力のひとつ。中庭に置かれた美術作品やインスタレーションも触ったり腰掛けたりして楽しめる自由な雰囲気です。

### 楽しい美術館

🇩🇰 **Louisiana Museum of Modern Art**
ルイジアナ美術館 (コペンハーゲン)
丘の上にあるカフェテラスからは抜群の眺望が楽しめます。
https://www.louisiana.dk

🇳🇴 **Nobel Peace Center**
ノーベルピースセンター (オスロ)
ノーベル平和賞について遊びながら学べる展示がいっぱい。
https://www.nobelpeacecenter.org

## 9 フィーカのパン

役に立つスウェーデン語ナンバーワンは「フィーカ」かもしれません。スウェーデンの友だちと会いたいときは「フィーカしましょう」でOK。日本語ならさしずめ「お茶しない?」と誘う感覚でしょうか。フィーカには甘い菓子パンがかかせません。スウェーデンだけでなく北欧の人々はコーヒータイムに甘いものを食べるのが好きで、シナモンロールやカルダモンロールなどの菓子パンが人気。北欧の菓子パンにはカルダモンが入っていて、カフェやベーカリーでスパイシーなあの香りをかぐと「ああ北欧に来たなあ」と思います。コーヒーと菓子パンと友だちと。バタバタしがちな滞在時も「とりあえずフィーカ」ができればリフレッシュできるのです。

左上）イースター前に出回るセムラとよばれる菓子パン。左下）旬のベリーをのせたフィンランドの菓子パン。右上）ノルウェーのカフェでも人気のシナモンロール。右下）ノルウェー人が大好きなスコールブロー。

デンマークではぜひ本場のデニッシュを。

## おすすめ菓子パン

🇸🇪 **Kardemumma bullar カルダモンロール**
シナモンロールと似た形でカルダモンがたっぷり入ったスウェーデンの定番おやつ。

🇫🇮 **Korvapuusti シナモンロール**
コルヴァプースティ（ビンタされた耳）という名称で親しまれている味。

🇩🇰 **Tebirkes テービアケス**
クリームなどフィリングなしのデニッシュ。生地のおいしさが堪能できます。

🇳🇴 **Skolebrød スコールブロー**
バニラクリーム入りでココナッツフレークをまぶしたノルウェー人が大好きな菓子パン。

23

## 10　公園でごろり

北欧の街を歩いていると緑豊かな公園があちこちにあって「おいで、おいで」と招かれている気分になります。ベンチに腰掛けてひと休みするもよし、天気がよければ地元の人たちのように芝生の上にごろりと寝転んで日光浴もいいものです。おいしいコーヒーの街として知られるオスロでは、よいコーヒーショップの近くには公園があるのがお約束。コーヒーをテイクアウトして公園でのんびり過ごすのが定番コースなのです。とくにグルーネルロッカ地域にはよいコーヒーショップと公園が点在しています。歩き疲れたとき、ちょっとひと休みしたいとき、地図を広げて見たいとき、カフェやレストランに入らなくても休める場所があるっていいなといつも思うのです。

犬の散歩をする人、子どもと一緒にくつろぐ家族。ひたすら芝生が広がる公園もあれば、遊具が充実している公園も。公園でスポーツをしたり走ったり、ひと汗かく人の姿もよく見かけます。

## ひと休みできる公園

- 🇳🇴 Birkelunden
  ビルケルンデン公園 (オスロ)

- 🇸🇪 Rosendals Trädgård
  ローゼンダール・トレードゴード
  (ストックホルム)

- 🇫🇮 Karhupuisto
  くま公園 (ヘルシンキ)

- 🇩🇰 Kongens Have
  ローゼンボル・パレスガーデン
  (コペンハーゲン)

## ゆるcolumn
# 北欧のはにかみ顔

北欧の国々では英語がほぼ通じます。私も取材やインタビューは英語でしていますが、挨拶だけは覚えるようにしています。こんにちは、さよなら、またね、ありがとう、すみません、おいしい！かわいい！よいお年を！ほんのひと言でも言えると、旅が楽しくなります。

北欧は小国です。いちばん人口の多いスウェーデンでも総人口は988万人、首都ストックホルムは93万人ほど。日本から来たというと「私たちは人口も少ないし、ちいさな国だからね」と謙遜する人は少なくありません。それだけに「僕らの言葉を知ってるの！」と喜んでくれる人も少なくないのです。

市場やカフェで「モイ！（こんにちは）」「ヘイドー！（さよなら）」「ゴーユール（メリークリスマス）」と声をかけてみます。ともすると無愛想にも見える北欧の人たちが一瞬ニコッと微笑んで挨拶を返してくれます。それが嬉しくて、もうちょっと何か言えるようになりたいなあと北欧へ行くたび思うのです。

「これ、おいしい！」「このデザイン、とても好きです」。現地の言葉は無理でも、カタコトの英語でも、伝えてみると「それなら、これも試してみたら」「このお店にも行ってみたら」と教えてくれる人もいます。ちょっといい加減な英語でも、こちらが伝えようとすればゆっくりと耳を傾けてくれる人も多いです。そしていったん打ち解けると心を開いてくれる人も多い。シャイだけれど一度仲良くなると親切。どこか日本人と似ていますよね。

## ゆるcolumn
## ゆるキャラ探し

以前、トークイベントでの質疑応答で「北欧って可愛くないものはないんですか?」という珍問が出たことがありました。もちろんあります!真っ先に思い浮かぶのはデンマークのおもちゃ屋チェーン、BRのマスコットキャラクター。店名にちなんで「いとこのBR」と呼ばれるこの兵隊さん、はじめて目にしたときはあまりの可愛くなさに衝撃を受けました。「デンマークにもこんなものがあるのか……」と。いまではBR君を見かけると「デンマークに来たな」と思うほどに見慣れましたが。ちなみにBRは1950年創業、北欧全土に広がる大手チェーン店。デンマークの子どもたちはみな、BR君と一緒に育つのだそう。BRの創業50周年には同じくデンマーク生まれのレゴが、BR君のミニフィギュアを限定発売。レゴ版は本物よりずっと可愛いBR君でした。

ゆるキャラといえばヘルシンキにもいます。観光局のヘルッピや首都圏交通局のヴァルッキー。緑色のヘルッピ、もしや超人ハルクのようにガンマ線を浴びたとか、何か事情があってそんな色になっちゃったの?と思っていたら緑の都市ヘルシンキを体現していたんですね。

ゆるキャラとは違いますが、北欧ではディズニーキャラクターの中でもドナルドダックだけがなぜか大人気。街中で見かけるディズニーのコミックはドナルドダックばかり。蚤の市で見つけたミッキーマウスの時計の裏にも「ドナルドダック」と書いてあったのには、さすがに爆笑してしまいました。スウェーデンではクリスマスイブにドナルドダックのアニメを家族で観るのがお約束なんですよ。

## 11　マリメッコの楽しみ方

日本でも大人気のマリメッコ。商品だけなら日本の品揃えは本国にあまり引けをとらないでしょう。でもやはり本場フィンランドでしか出会えないマリメッコがあるのです。それは道ゆく人のマリメッコの着こなし。鮮やかな柄のシャツを男性も身にまとい、年配の女性が大胆な柄のドレスをさらりと着こなしていたりとリアルなファッションショーが楽しめるのです。みんながモデルのような体型ではないのに、フィンランド人のマリメッコDNA恐るべしと思わずにいられません。1951年の創業で、60年代には人気に火がついたマリメッコ。「物心ついた頃からマリメッコに囲まれていた」世代も増え、さらに多彩な楽しみ方を見せてくれるのです。

上)大量のビンテージマリメッコを揃える店を蚤の市で発見。使い込まれた風合いのある生地や、いまとはパターンの違う服も気になります。左ページ)人が集まる市場や蚤の市では、目を引くマリメッコのテーブルクロスやエプロンがお約束。

ヘルシンキにて。こんな風に着こなしたい！と思わせる人があちこちに。

✚ Marimekko マリメッコ

ヘルシンキ郊外にあるマリメッコ本社には、誰でも利用できる社員食堂やファクトリー直営のショップがあり、社員やスタッフの着こなしがチェックできます。
https://www.marimekko.com

## 12　暮らしを変えるテキスタイル

北欧のテキスタイルはマリメッコだけではありません。50年代～60年代にかけて「新しい生活のために」と誕生したスウェーデンのモダンなテキスタイルは家具との相性もよく、部屋を美しく変身させてくれます。スティグ・リンドベリやヴィオラ・グロステンといったスウェーデンを代表するデザイナーの名作テキスタイルを昔ながらの手法で作り続けるメーカーから、陶器の名デザインをテキスタイルとしてよみがえらせるブランドまで、スウェーデン・テキスタイルの魅力は尽きません。カーテンにしたり、スカートやバッグにしたり。家に持ち帰ったテキスタイルは、旅が終わってからも目の前に北欧の世界を広げてくれるのです。

左上）額装して飾りたいビンテージのテキスタイル。左下）ヴィオラ・グロステンの布を使ったクッション。右）スウェーデン人の憧れブランド、スヴェンスク・テンでは家具に貼ったり、ランプシェードにしたりと使い方も提案。左ページ）オレンス・デパートのテキスタイルコーナー。

手刺繍のリネンが飾られたリンネ・ギャレリエットの壁。

## テキスタイルを探すなら

🇸🇪 **Tygverket** ティグヴェルケット
新旧作品を揃えるスウェーデンのユザワヤ。
http://tygverket.se

**Linne Galleriet** リンネ・ギャレリエット
昔から愛されてきたリネン類の専門ショップ。
http://linnegalleriet.se

**Svenskt Tenn** スヴェンスク・テン
ヨセフ・フランクによるテキスタイルは必見。
http://www.svenskttenn.se

**Åhléns** オレンス
インテリアフロアにはテキスタイルが充実。
http://www.ahlens.se

（すべてストックホルム）

## 13　住宅街を歩く

北欧を訪れていつも思うのは、普通の住宅街にある普通の家が可愛いなあということ。エレガントな豪邸も素敵だけれど、こじんまりとした家が並ぶ住宅街が私の大好物。ひと目で恋してしまったのが、古い木造住宅が残るヘルシンキの住宅街プーヴァッリラでした。2度めの来訪時には、幸運にも蚤の市が開催されていて中庭まで入ってじっくり見学することができました。興味津々で家を眺める私に地域の歴史を教えてくれる人、一緒にお茶を飲みましょうと誘ってくれる人、部屋の中まで見ていいわよと言ってくれる人。ふと目を上げると妙齢の女性が部屋の窓からこちらを見おろして、手を振っていて……こういう瞬間に会えると旅が特別なものになるのですよね。

プーヴァッリラの中庭にて。「隣の人たちとひなたぼっこや食事を一緒にすることも多いのよ」と話してくれました。もともと労働者用の住宅として建築され、いまではその価値を認めるアーティストや大学教授などが移り住み、コミュニティが形成されています。

### お散歩にぴったりの住宅街

- **Puu-Vallila プーヴァッリラ (ヘルシンキ)**
  ヴァッリラ通り(Vallilantie)周辺。住宅街の中には名物バーがあり、散策がてら遠くから足を運ぶ人も。

- **Kampen カンペン (オスロ)**
  カンペン教会(Kampen Kirke)周辺。木造のカラフルな住宅が並ぶエリア。花屋やカフェもあります。

## 14 ちいさな蚤の市

北欧の人たちは蚤の市が大好き。週末ごとに蚤の市が開催され、夏期はさらに賑やかになります。有名な蚤の市はプロの出店も多く、さすがの品揃え。一方でローカルな蚤の市もなかなか見どころがあります。ストックホルムで開催していた1kmロッピスは、この通りのここからここまで、と決められた範囲に住んでいる人しか出品できないスタイル。プロの出店を禁じ、純粋にいらないものをリサイクルし、地域交流を目的としたフリーマーケットなのです。食器や雑貨、本などが並ぶ他、手作りジャムやお菓子を売る人も。使わなくなったおもちゃを本人が売っていたり、集合住宅の仲間で店を構えていたりとリアルな地域づきあいものぞける楽しい蚤の市です。

上)1kmロッピスの様子。シナモンロールが食べられるカフェスペースも。左ページ)ゲントフテの蚤の市は玉石混淆ですが、アンティークショップの10分の1ほどの値段で買える掘り出し物が見つかることも。

のぞきたくなる蚤の市

🇸🇪 **1km Loppis**
1km ロッピス（ストックホルム）
サンクトエリクスプラン地域のストリートで開催。
http://www.birkagarden.se/1kmloppis

🇩🇰 **Gentofte Loppemarked**
ゲントフテ・ロッペマルクト（コペンハーゲン）
シャーロッテンルンド（Charlottenlund）駅の裏で開催。
http://www.gentofteloppemarked.dk

## 15 北欧のソウルフード

グルメでも話題でもないけれど、その土地で絶対に食べておいた方がいいと思う味があります。北欧のホットドッグがそれ。街を歩けばホットドッグスタンドにあたるというほどあちこちで見かけ、蚤の市やクリスマスマーケット、アイススケート場など人が集まるところにはまず出店していて、地元っ子が列をなし、おいしそうに頬張っているのです。そう、ホットドッグは北欧のソウルフードなのです。せっかくならおいしいホットドッグを食べたい！という方は、ぜひコペンハーゲンのチボリ公園近くにあるジョンズ・ホットドッグデリへ。特製マスタードやソースをたっぷりとつけてどうぞ。またここに戻ってきたくなるおいしさですよ。

上）ストックホルムのギュンターズも人気のホットドッグスタンド。外食が高くつく北欧で、小腹が空いたときの強い味方です。左ページ）コペンハーゲンのビアフェスティバルでも出張店舗を出していたジョンズ・ホットドッグ。マスタードやソースは好きなだけつけられます。

ノルウェーのホットドッグは、ロンペとよばれる薄いパンでいただきます。

### おすすめホットドッグスタンド

🇩🇰 **John's Hot Dog Deli**
ジョンズ・ホットドッグデリ
(コペンハーゲン)
Bernstorffsgade, 1577 København

🇸🇪 **Günters Korvar** ギュンターズ・コルヴァー
(ストックホルム)
Karlbergsvägen 66, 11335 Stockholm

37

## 16 街中のアート探し

看板や標識、お店のショーウィンドウなど美術館へ行かなくてもグッドデザインに会える北欧の街。思わずシャッターを切りたくなる小道、窓辺に並んだオブジェの数々、絶妙に色づけされた建物。ローカルイベントを告知する手作りポスターなど目を引くデザインはあちこちに散らばっています。年末のストックホルムで見かけた自転車は、鮮やかな色のニットで装っていました。かごの中には北欧のクリスマスの花、ヒヤシンス。これはお店のディスプレイ？それとも、もしかして実際に乗っているのかしら。しばし立ち止まってじっと眺めてしまいました。美術館では出会えない街中のアート探し。いつだって写真が撮れるようにカメラはお忘れなく！

ストックホルム宮殿を目指して歩いていたら、水面に鼻と指が！まるで水の中に巨大な人がいるかのようなインスタレーションに、道ゆく人が目を奪われていました。

マンホールから顔を出している銅像は、ストックホルムのスルッセン（Slussen）駅を出て左すぐ。

アートの夜に登場した巨大な犬のバルーンはエーロ・アールニオの有名な玩具を型どったもの。

## 気軽なアートイベント

✚ The Night of the Arts
ザ・ナイト・オブ・ジ・アーツ（ヘルシンキ）
8月終わりの夜に開催されるアートの夜。ギャラリーや広場にアート展示があふれます。
http://www.helsinginjuhlaviikot.fi/taiteidenyo

## 17 紙もの、大人買い

旅のいちばん手軽なおみやげはポストカードでしょう。その土地の景色やデザインを家に持って帰ることができる、ちいさなアート。気になるイラストレーターの作品もポストカードならあれこれ大人買いできてしまいます。ここ数年は昔の観光局のポスターを復刻したポストカードが人気のようで、デザインショップや雑貨店をはじめホテルでも売っていました。あと1枚、もう1枚と気づけば結構な枚数になり、オフィスの壁にぺたぺたと貼り付けたカードは北欧の旅を思い出させてくれます。ノートやしおり、カレンダーなど可愛い文房具やジャケ買いしたくなるレトロな絵本など、北欧の紙ものにはついつい手が出てしまうのです。

左上・右・左ページ）ヘルシンキのカッリオ地区にある雑貨店ムーンクには、文房具からガーランドまで可愛い紙ものがいっぱい！「エコロジカルでエシカルな商品」をセレクトしています。左下）蚤の市に並んでいた可愛い絵本にも心惹かれます。

子ども向けの絵本を揃えるトウッカ（P.17）には地元イラストレーターのポストカードも充実。

## 可愛い紙ものが揃う店

- MOONK ムーンク
  （ヘルシンキ）
  http://moonk.fi

- Blå Gungan ブロー・ギュンガン
  （ストックホルム）
  http://www.blagungan.se

## 18 郵便局は楽し

旅先から手紙を出そうと思って買った切手が可愛くて、それ以来おみやげにもしている北欧の切手たち。フィンランドはとくに可愛いデザインの切手が充実しています。ヘルシンキの中央郵便局は圧倒的な品揃えで、ムーミンの切手にマリメッコ柄の封筒に、郵便局のオリジナル小包箱もキュート。さらにお菓子から雑貨までフィンランドブランドがずらりと並び、ここだけでおみやげ探しが完了できてしまいます。ちなみに北欧では基本的に大きな荷物は家まで配達できないので郵便局に取りにいきます。日本の郵便事情がいかに優れているかを感じつつ、のんびりマイペースな北欧の郵便局を見ていると、働くならこっちのほうがいいかも？なんて思ったりもします。

ご当地の切手コレクション。ノルウェーのワッフル柄、スウェーデンのキノコ柄などお国柄が出ています。フィンランドのイラストレーターによる切手や伝統工芸の切手は額装して飾りたいくらい可愛い!

自転車の街、コペンハーゲンでは郵便の配達も、いまではすべて自転車で行っています。

## 郵便局を探す・切手を買う

🇫🇮 フィンランド http://www.posti.fi
ヘルシンキ中央郵便局
Elielinaukio 2 F, 00100 Helsinki

🇸🇪 スウェーデン http://www.postnord.se
スウェーデンの郵便局はスーパーマーケットやガソリンスタンドの中に窓口があります。

🇳🇴 ノルウェー http://www.posten.no

🇩🇰 デンマーク http://postnord.dk

## 19　いつも片手にアイスクリーム

コーヒー消費量やキャンドル消費量の多さで知られる北欧ですが、アイスクリームの消費量も相当なもの。北欧へ行ったらぜひ作りたてのフレッシュなアイスクリームを食べてみてください。まずはシンプルにバニラアイスを。北欧は乳製品のクオリティが高いので、そのおいしさに感激するはず。それからやっぱりベリー味も外せません。北欧らしい味を試すならリコリス味、フィンランドならサルミアッキ味をどうぞ。アイスクリームと組み合わせると、これがなかなかおいしいのですよ！4月～9月頃までは夏季限定オープンのアイスクリームスタンドも増え、ちょっと甘いものが食べたいときに好都合。地元っ子を真似して、アイスクリーム片手にお散歩してみませんか？

左上)ストックホルムのクングスホルメン地区から生まれたアイス屋さんはカップのデザインもグッド。左下)コペンハーゲン市内をはじめデンマーク全土に展開するパラディス。右)レトロなイラストが目を引くハンセンスの店内。

人気ベーカリー、グンナルソンズのアイスクリームもファンがたくさん。

## おすすめアイスクリーム

🇩🇰 Paradis パラディス (コペンハーゲン)
http://paradis-is.dk

Hansens ハンセンス (コペンハーゲン)
http://www.hansens-is.dk

🇸🇪 Gunnarsons グンナルソンズ (ストックホルム)
http://www.gunnarsons.se

Kungsholmen glassfabrik
クングスホルメン・グラスファブリーク
(ストックホルム)
http://kungsholmensglassfabrik.se

🇫🇮 Jädelino ヤーデリノ (ヘルシンキ)
http://www.jadelino.fi

## 20　街を見おろす

冒険家の石川直樹さんが「旅先でまず最初にするのは、いちばん高い場所に行って街を見おろすこと」と書いていました。それを真似してストックホルムではスルッセン駅近くの有名なエレベーター、カタリナヒッセンへ。ゴンドーレンという展望レストランの上まで直行するエレベーターで、屋上からの見晴らしは抜群です！

ああ、ストックホルムって水の都なのだと改めてその美しさに見とれました。ダンスのイベントで訪れたセーデル劇場のベランダから見た景色も素晴らしく、夕暮れ時の美しさといったら！セーデル劇場では入場無料のクラブイベントなども開催しているので、夜景と雰囲気を楽しみに行くのもおすすめです。

山に囲まれたオスロも絶景ポイントが多く、街の中心部からバスで10分ほどのエーケベルグの丘から見るオスロの街も美しいです。

初代カタリナヒッセンは1881年着工とのこと。現在あるものは1936年に建てられたもの。現在工事中で2017年頃、再稼働予定。

## 街を見おろす高い所

🇸🇪 Södra Teatern セーデル劇場
(ストックホルム)
http://sodrateatern.com

Katarinahissen カタリナヒッセン
(ストックホルム)

🇳🇴 Ekeberg エーケベルグの丘 (オスロ)
中央駅からバス34番か74番で10分ほど。
Brannfjellveien下車。

47

## ゆる column
# 肩の力が抜ける魔法の言葉

　がんばりすぎない、欲張りすぎない。北欧の人たちと付き合っていると、そのさじ加減が上手だと痛感します。どうして上手なんだろう？と考えたとき、ふたつの言葉を思い出しました。ひとつはデンマーク語の「ヒュッゲ」。心地よい時間を表す言葉で、デンマークの人たちはヒュッゲな時間を何より大切にしています。春になったらおひさまの下でごはんを食べる、友だちとコーヒーを片手に語らう、家族みんなで過ごす時間をもつ。何気ない時間だけれど、彼らはそのために生きていると言ってもいいほど。残業をしないのも、ヒュッゲな時間を大切にするためなのです。

　もうひとつの言葉はスウェーデン語の「ラゴム」。ほどほど、ちょうどいいといった意味で、もともとヴァイキング達がお酒を回し飲みする際に全員が口にできるように「ラゴムな量で」と使ったのがはじまりだとか。スウェーデン人はこの言葉が大好きです。多すぎず、少なすぎない。ヴァイキング時代からの筋金入りで、バランス感覚に長けているのかもしれません。

　私たちの生活の周りには「いちばんよい選択」や「もっと得をする」ための情報が溢れています。そうした情報は便利な一面、ふりまわされてしまうことも多いもの。そんなときにヒュッゲやラゴムという言葉を思い出すとふとラクになります。旅をしていてもそれは同じ。ヒュッゲやラゴムな感覚を頼りに、がんばりすぎない。旅先だとついつい欲張りたくなってしまうこともありますけれど！

ゆるcolumn

## 同じメニューにほっとして

北欧を歩いていて面白いのは、旬がきたら市場もレストランも、とことんその食材ばかりで埋め尽くされること。例えば5月～6月はルバーブ。市場には真っ赤な茎のルバーブが山のように積まれ、ベーカリーにはルバーブの菓子パンとケーキが並び、レストランにはルバーブのコンポートやケーキが登場します。どこへ行ってもひたすらルバーブ尽くし。

はじめて北欧を訪れたときは、どの店も同じメニューばかりなのに驚きましたが、同時にほっとしたのを覚えています。夏はベリー、秋はキノコ。冬に向けては根菜類。季節の味を存分に楽しむ。マンネリといえばそうなのですが、その潔さがちょっと羨ましい。私の暮らす東京は、食の選択肢はよりどりみどりで、いつの季節も食材のバリエーションは豊富。でも選択肢って多いと疲れることもありますよね。

フィンランドの食文化の本を読んでいたら「黄金の組み合わせ」というページがありました。コーヒーにはシナモンロール、豆のスープにはパンケーキ、パンケーキには苺ジャム、カレリアパイには卵バター、レイパユースト（焼きチーズ）にはクラウドベリー……これは決してゆずれない、そんな黄金の組み合わせが綴られていました。他の国でも黄金ルールは健在で、スウェーデンならザリガニにはアクアビット、デンマークならレバーペーストにはビーツ。ノルウェーの魚料理の付け合せはきゅうりと決まっています。もっと他の食材をいろいろ組み合わせてもよさそうなのにと思いつつ、この組み合わせにほっとする。定番でスタンダードでマンネリもいいじゃないと思うのです。

## 21 船は最高の休憩場所

ヘルシンキとストックホルムを移動する際に、よく利用するのが大型フェリーのシリヤライン。船は夕方に港を出発して翌朝、隣国に到着します。移動時間で考えれば飛行機の方がずっと早いのですが、船の上でひと晩過ごすのがリフレッシュにもなるのです。オスロやコペンハーゲンでは街中をバスの代わりにボートで移動することもできます。観光ボートもいいのですが、地元の人の足として運行している水上バスに乗るのが私のお気に入り。名建築やお城が並ぶコペンハーゲンの街、新建築がぞくぞく建っているオスロの街並みを水際から見学することができて、何より水の上ってやはり気持ちがいいのです。船の上でのんびり休憩タイム、おすすめですよ。

コペンハーゲンの運河沿いを歩いていると、大小さまざまの船が停泊してあり、船の上で食事をしている姿もよく見ます。スウェーデンのダンスキャンプには、船でやってきて期間中ずっと船に宿泊して過ごす人もいました。北欧の人々にとって船は身近な存在なのです。

### 北欧で船に乗るなら

🇫🇮 Silja Line シリヤライン
🇸🇪 (ヘルシンキ-ストックホルム)
https://www.tallink.com

🇩🇰 水上バス991番と992番 (コペンハーゲン)
http://www.dinoffentligetransport.dk

🇳🇴 Bygdøyfergene
ビグドイ・ミュージアムフェリー (オスロ)
美術館の多いビグドイエリアとオスロ市庁舎前をつなぐフェリー。3月末〜10月初旬のみの運行。
http://nyc.no

## 22 北欧の鳥を見つける

北欧のガラスや陶器を見ていると鳥のモチーフが多いことに気づきます。冬は南国に旅立ち、夏になると戻ってくる鳥は北欧の人々にとって夏の象徴なのだそう。フィンランドを代表するデザイナー、オイヴァ・トイッカのガラスの鳥シリーズ、デンマークのロイヤルコペンハーゲンの青い鳥たち。スウェーデンのグラフィックデザイナー、オーレ・エクセルもじつに多彩な鳥を描いています。イッタラ社のデザイナーとして活躍したタピオ・ヴィルカラの生誕100周年展ではタピオが気に入っていたという幻の鳥が展覧会のモチーフとなっていました。北欧のデザイナーたちが好んで描いた鳥を探す。そんな旅のテーマもいいかもしれません。

左上) タピオ・ヴィルカラが作った幻の鳥。左下) コペンハーゲンのデザインミュージアムで見たカイ・ボイスンのカモメとパフィン。右上) 蚤の市に並んでいたオイヴァ・トイッカのガラスの鳥たち。右下) 蚤の市で見つけたテネラシリーズの鳥は、じつは水笛。

イッタラの工場で、オイヴァ・トイッカの鳥がひとつひとつ作られているところ。

## 北欧の鳥たち

🇫🇮 **Birds by Oiva Toikka**
オイバ・トイッカのバードシリーズ
イッタラより現在も新作が登場しているシリーズ。コレクターも多い不朽の名作。

🇩🇰 **Tenera, Royal Copenhagen**
ロイヤルコペンハーゲンのテネラシリーズ
1950年代～60年代にかけて展開したテネラシリーズには鳥モチーフの作品がたくさん。

🇸🇪 **Olle Eksell**
オーレ・エクセルの鳥アイテム
アルメダールス社からテキスタイルや雑貨が発売されています。

## 23 ヘンな食べ物にトライ

「最高にまずい！」と聞くと食べてみたくなるのが人情です。それも旅先ならなおのこと。ゴムのような黒いリコリスキャンディ、さらに塩化アンモニウムを加えて「世界一まずい飴」の称号をもつサルミアッキ。塩漬けニシンを缶の中でさらに発酵させ、開けた途端に強烈な匂いで周囲を驚かせる缶詰、シュールストレミングはスウェーデンの屋外イベントでふるまわれていたので初挑戦したところ、その場にいたスウェーデン人たちは大喜び！食べ終えてから何度も「どうだった？」と話しかけられ、「よくトライしたね！」と肩をたたく人も。シャイなスウェーデン人にそんなに話しかけられたのもはじめてで、つくづく珍味は人をつなぐなあと実感しました。

左上)レストランで食べたコルヴァシエニのパンケーキ。左下)サルミアッキのチーズケーキは素直においしかった!右)ヘンな食べ物の横綱といえばフィンランドの毒キノコ、コルヴァシエニ。黒っぽい、脳みそのようにウネウネとした表面で食感はシャリシャリ。左ページ)蚤の市で出店していたリコリス専門店。

パッケージが可愛いサルミアッキのスティックアイスクリーム。わりとおいしいです。

## 不思議な北欧フード

### 🇫🇮 Korvasieni コルヴァシエニ
日本名はシャグマアミガサタケ。旬になると市場に出回り、レストランで出されることも。

### Salmiakki サルミアッキ
フィンランドのスーパーマーケットにはサルミアッキコーナーがあり、よりどりみどりです。

### 🇸🇪 Surströmming シュールストレミング
日本でもよく知られる「世界でいちばん臭い缶詰」。保存・発酵状態でニオイがかなり違います。

## 24 電車でGO

　北欧へ行くと、電車に乗りたくなります。まず第一に車両デザインが素晴らしく格好いい！フィンランド国鉄の長距離列車ペンドリーノのぬめっとした近未来的デザイン、コペンハーゲン市内を走る真っ赤な郊外列車エストーの遊び心あるデザイン、オスロの空港列車フリートーゲの硬派な面持ち、スウェーデン国鉄のクールなロゴ。そして「この車両はWi-fiが使えます」「自転車もOK」「ここからは静かに過ごしたい人のためのゾーン」など車両情報を簡潔に伝えるピクトグラムもわかりやすく美しいデザインで惚れ惚れします。郊外の住宅街や市民菜園、海の上に並ぶ風力発電の風車など、窓から北欧らしい景色を眺めるのも電車の旅の醍醐味です。

コペンハーゲンはとくに電車が便利。市内と空港を結び、さらに海を越えてスウェーデンまで行くことができます。駅構内のサインや古い駅舎の佇まいにも心惹かれ、写真を撮りたくなります。

## 格好いい電車たち

- **S-tog エストー**
  デンマーク国鉄（DSB）が運営するコペンハーゲンの近郊列車。
  https://www.dsb.dk

- **Pentolino ペンドリーノ**
  フィンランド主要都市をつなぐ、フィンランド鉄道（VR）の高速列車。
  https://www.vr.fi

- **X2000**
  スウェーデン主要都市をつなぎ、コペンハーゲンまで行けるスウェーデン国鉄（SJ）の高速列車。
  https://www.sj.se

- **Flytoget フリートーゲ**
  オスロ中央駅とガーデモエン空港をつなぐ空港連絡列車。
  http://flytoget.no

## 25 北欧のパンケーキ

北欧の人もパンケーキが大好き。日本のホットケーキのような分厚いタイプではなく、薄く焼いて何枚も重ねて食べるのが北欧では一般的です。これまで食べ歩いてきた中で、いちばんおいしかったパンケーキは、オスロで食べた『スヴェレ』。ノルウェー西部発祥のパンケーキで、発酵乳を使ったもっちりとした食感です。カフェでは見かけることのない郷土料理で、週末ごとに開催されるファーマーズマーケットで偶然、発見しました。ロンメとよばれるサワークリームやベリージャムをたっぷりのせていただくのがお約束です。魚卵やサワークリームと一緒に食べる、スウェーデン人が大好きなポテトパンケーキ『ロラカ』もぜひお試しを!

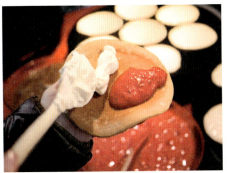

左上)スヴェレにロンメと苺ジャムをたっぷりとのせて。左下)何枚も重ねた、ちいさなパンケーキにアイスクリームと苺をのせたフィンランドのパンケーキ。右)ビールのおつまみにもぴったりのロラカ。

## 北欧パンケーキ事情

🇳🇴 **Sveler スヴェレ**
ノルウェー北西部に伝わる伝統的なパンケーキ。

🇸🇪 **Råraka & Raggmunk ロラカ&ラグムンク**
ラグムンクもポテトパンケーキで、ベーコン&リンゴンベリージャムと一緒にいただきます。

🇫🇮 **Ohukaiset, Letut & Pannukakku**
オフカイセット&レットゥ&パンヌカック
オフカイセット、レットゥはクレープのような薄いもの。パンヌカックはオーブンで焼くパンケーキ。

🇩🇰 **Æbleskiver エーヴレスキヴァ**
クリスマス時期に食べる、たこ焼きのような丸いパンケーキ。

## 26 スローライフな雑貨たち

最近の北欧ブームのおかげで、北欧のクリエイターの雑貨やデザインが日本でも見られるようになったのは嬉しい限り。でも現地にはまだまだ知らない作家たちがたくさんいます。ヘルシンキにある『メイド・バイ』は12人のクリエイターが共同運営するお店。アクセサリーからインテリア小物まで他では見つけられないユニークなラインナップが揃います。可愛いだけではなくエコロジカルな素材を使った製品もたくさんあり、素材を厳選しながらもキュートで遊び心のあるデザインを生み出す力はさすがです。テキスタイルや編み物、木工など伝統的なものづくりの手法を取り入れた製品もあり、暮らしが楽しく前向きになる可愛い雑貨たちに出会えます。

左)オスロのグルーネルロッカにもクリエイターが共同運営する店があり、ニットのコンバースや毒気のきいたメッセージを編み込んだ帽子が人気のマリアンヌ・モーの作品も並びます。右)トナカイのがま口はフィンランドのブランド、モイモイ。左ページ)フィンランドの自然を思わせるインテリア雑貨が人気のデザインパレットは環境フレンドリーな素材を使用。

ヘルシンキの地名が入ったトラム柄のポシェットはピサマ・デザイン。

## おすすめショップとデザイナー

🇫🇮 Madeby メイド・バイ (ヘルシンキ)
http://madeby.fi

Design Palet デザインパレット
http://www.designpalet.fi

Pisama Design ピサマ・デザイン
http://www.pisamadesign.com

Moimoi モイモイ
http://www.pisamadesign.com

🇳🇴 Skaperverket スカーペルヴァルケ (オスロ)
http://www.skaperverket.no

Marianne Moe マリアンヌ・モー
www.epla.no/shops/mollymaple

## 27 人とつながるイベント

ここ数年、ヘルシンキで盛り上がっているのが地域密着の参加型イベント。そのひとつがクリーニングデイで「リサイクルのハードルを下げる」を目的に街中の至るところで蚤の市が行われます。面白いのは誰でもどこでも出店していいということ。公園や遊歩道、また自宅の庭など思い思いの場所で、家にある不要品を並べて放出。街中が文化祭のような盛り上がりを見せるのです。その日だけは誰でもレストランが開けるというレストランデイ、さらに自宅や会社のサウナを開放するサウナデイもスタート。シャイで知られるフィンランド人にとって、こうしたイベントは人と交流する、よい口実となっているのかもしれません。それにしてもヘルシンキっ子の行動力はすごい！

誰でも食事を作って売っていいという大胆なコンセプトであっという間に人気イベントとなったレストランデイ。ヘルシンキに暮らす各国の人々が自国の料理を出したりと、さりげなく文化交流の役割も果たしています。

つながるイベント

- Cleaning Day クリーニングデイ
  http://www.cleaningday.org

  Restaurant Day レストランデイ
  http://www.restaurantday.org

  Helsinki Sauna Day ヘルシンキ・サウナデイ
  http://www.helsinkisaunaday.fi

  (すべてヘルシンキ)

## 28 スーパーマーケット探検

デザインに触れたい。おみやげを探したい。北欧の味を試したい。地元の暮らしをのぞきたい。そんな願いをすべて叶えてくれるのがスーパーマーケットです。ニシンや乳製品コーナーが充実し、多彩なリコリスが並んでいるのはどの国も同じ。一方で北極圏ではトナカイ肉だけのコーナーがあったり、スウェーデンでもデンマーク寄りのスコーネ地方だとデンマークの味も置いてあったりと土地柄が出ているのも面白くて、気づけばいつもかなりの時間を過ごしてしまうのです。エリック・ブルーンやオーレ・エクセルといった往年の名デザイナーのパッケージをはじめ、近年は各スーパーマーケットのプライベートブランドが充実していて、グッドデザインもさらに増えています。

左上）フィンランドのオーガニックコーラとレモネード。左下）スウェーデン家庭の定番、チューブ入りキャビアのフィンランド語版を発見！スウェーデンとの国境が近いフィンランド北極圏の街レヴィにて。右上）スウェーデン人の心の故郷、レクサンドのクネッケブロード（堅焼きパン）。右下）スウェーデン生協の自社ブランド製品。左ページ）オーツ麦を使ったヘルシーな製品はパッケージもキュート。

ココアのパッケージに描かれたマチルダちゃんは、デンマークでおなじみの顔。

おすすめスーパーマーケット

🇫🇮 K-Supermarket
K スーパーマーケット
http://www.k-supermarket.fi

🇸🇪 Coop コープ
https://www.coop.se

🇳🇴 Rema 1000 レーマ・チューセン
https://www.rema.no

🇩🇰 Irma イヤマ
https://irma.dk

65

## 29 ランチタイムにグルメを

近年はグルメの国として注目されている北欧。世界一のレストランに4回も選ばれたコペンハーゲンのノーマに続けとばかり、味もクオリティもレベルの高い店が増え、北欧ならではの食体験をしようと訪れる人も増えています。旅の途中で寄るにはちょっと敷居が高いという方はランチタイムにトライしてみては？ディナーよりリーズナブルに、夜よりもカジュアルな雰囲気で北欧最先端の味が楽しめるはず。コペンハーゲンで評判の店、アマスでは軽めのコースメニューをランチ限定で提供。珍しい食材を使った一皿から伝統の味を革新させたメニューまで、明るい店内でいただく北欧モダングルメ体験もグッドです。

ヘルシンキではちょっとリッチなブランチをいただくのが流行中。新鮮な野菜やフルーツを中心にしたビュッフェスタイルのブランチが人気のサンドロは予約必至の大人気ぶり。ベジタリアンメニューも充実しています。

### おすすめグルメランチ

- Amass アマス（コペンハーゲン）
  http://www.amassrestaurant.com

- Sandro サンドロ（ヘルシンキ）
  http://www.sandro.fi

- Bobergs Matsal ボーベリ・マットサル
  （ストックホルム）
  ミシュラン2つ星を獲ったスターシェフ、ビョルン・フランツェンがNKデパート内にオープンしたランチのみのお店。
  http://www.bobergsmatsal.se

67

## 30 森でベリーとキノコ摘み

この世でいちばんおいしいベリーの食べ方は、森で摘んだベリーをつまみ食いすることだと思います。ストックホルムの群島にある友人のサマーハウスを訪れたときのこと。海で泳いだ後におしゃべりをしながら森の中を歩いていると彼の口がモグモグ動いているのです。見ると、道に茂っているブルーベリーに手を伸ばし、つまみ食いしているのでした。家に戻ると彼のお母さんが作ったブルーベリーパイが待っていました。ベリーのシーズンが終わるとキノコの季節。キノコ狩りはなかなかハードルが高く、食べられる種類を見分け、さらに旬のおいしそうなキノコをかごいっぱいに摘むのはプロでないと無理そう。それでも森に出かけて自然の恵みを味わう体験はやめられないのです。

フィンランドで滞在したサマーコテージのオーナー、カッレさんと娘のアンナちゃん、エラちゃんと一緒に森へ。北欧には自然享受権とよばれる権利があり、誰かが所有する土地であってもルールを守れば散策したり、ベリー摘みやキノコ狩りをしていいことになっています。

これぞプロの業。アンズタケやポルチーニなど、かごいっぱいのキノコはそのまま夕食のテーブルへ。

### ベリーとキノコ摘みをするなら

🇫🇮 **Lomamokkila ロマモッキラ（サヴォンリンナ）**
フィンランドのサマーハウス体験ができるコテージ。近くに森があり、ベリーやキノコ摘みが体験できます。
http://www.lomamokkila.fi

フィンランドのアウランコ国立公園（P.8）やスウェーデンのアーキペラゴ（P.71）でもベリー摘みができます。

69

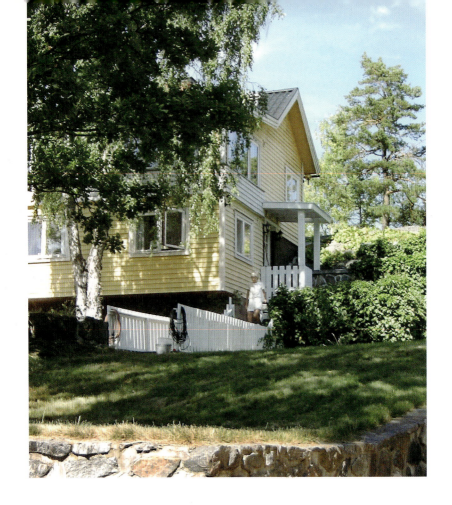

## 31　サマーハウスのすすめ

別荘と聞くと豪華な感じがしますが、北欧のサマーハウスはどちらかといえば質素・イズ・ベスト。ストックホルムの群島にある友人のサマーハウスは彼のお父さんが自力で建てたもの。コペンハーゲンの友人はスコーネ地方にある70年代の民家に手入れをして使っていて、当時の家具や照明が一部そのまま残っていました。食材をたっぷりと買い込んでサマーハウスへ来たら、後はただのんびりと過ごします。湖で泳いだり、森を散策してベリー摘みをしたり、家の手入れをしたり、コーヒーを片手に雑誌を読みふけったり。コンピュータとは距離を置いて、ちょっと不便だけれど自然と近い暮らしに没頭するのがサマーハウスで過ごす醍醐味です。

昔ながらのインテリアが残っているのもサマーハウスの魅力。左）サヴォンリンナにあるサマーコテージ、ロマモッキラの食堂。右）ロマモッキラの庭にはブランコも。

お隣との距離はだいぶありますが、郵便受けは1か所にずらり。スウェーデンの友人のサマーハウスにて。

## サマーハウス体験をするなら

🇫🇮 Lomamokkila ロマモッキラ（サヴォンリンナ）
http://www.lomamokkila.fi

🇸🇪 Stockholms skärgård ストックホルム群島
サマーハウスや森が多い群島（アーキペラゴ）は、ストックホルム市内からフェリーで気軽に訪れることもできます。フェリーは、グランドホテル前のStockholm Strömkajen から出航。
http://www.waxholmsbolaget.se

71

## ゆるcolumn
# 暮らしに必要なもの

　北欧の街を歩いているとふと「人が暮らす街に必要なものってなんだろう?」と思うことがあります。スウェーデンの街、ルンドを訪れたときのこと。目指していたのはラブコーヒーというコーヒー好きの間では知られたお店。北欧のコーヒーショップらしいすっきりとした美しいインテリアで、聞くとDIYですべて作り上げたそう。カウンターにあるカルダモンロールは同じ通りのベーカリーから仕入れたもので、いままで食べた菓子パンの中でいちばんを争うおいしさでした。その通りには賑わうビストロやチーズ屋さんもあり、果たしてこのコーヒーショップができたから、この通りは盛り上がったのかしら? それとも魅力的な通りだからコーヒーショップができたのかしら? と。街の中心となっているのはルンド大学。近くにはこじんまりとした市場もあり、ちいさな映画館と品揃えのよさそうな本屋もあり、いかにも大学の街という雰囲気です。

　観光ガイドには載らない街。でもまた来たい。もし北欧のどこかで、いっとき暮らせるならここがいいなと思う街。そんな街に出会えるとまた北欧が好きになるのです。

ゆる column

# リサイクルは体にいい

スウェーデンの人気ブロガー、エリーサベット・デュンケルが著書の中で「リサイクルは苦悩を解消してくれる。なぜならそれはよいことだから」と書いていて、深くうなずいてしまいました。確かに物を大切に長く使うこと、古い物のよさを再発見するのは、トレンドを消費する暮らしよりも心と体によい気がします。そして北欧を旅しているとリサイクルの輪に自然に入っていく感覚があります。

レトロファッション好きなストックホルムの友人は、蚤の市に出店していたおばあちゃんと意気投合して彼女のワードローブをごっそり譲り受けたとか。私もヘルシンキの住宅街の蚤の市で「祖母のドレスよ」と売られていた花柄のワンピースを1ユーロで手に入れたことがあります。可愛い服を安く手に入れられて嬉しいのはもちろん、その服を見ると売ってくれた彼女やその家も一緒に思い出し、もし自分が着なくなっても誰かにちゃんと譲らなくてはという気持ちになります。

日本で古着やビンテージ家具というと一部の人の趣味のような印象がありますが、北欧では老若男女がリサイクルを必要としています。北欧は物価が高く、何より税金が高いので働く世代は手元にお金がありません。そこで蚤の市や中古店をまわり、少ない予算でやりくりする技を身につけていくのです。最近はビンテージがブームで値段が高騰し、大きな蚤の市ではプロの出店が目立ちますが、一方でストックホルムの1kmロッピス（P.35）やヘルシンキのクリーニングデイ（P.63）のようにリサイクルの本質に立ち返るイベントも出てくるあたりが、やはり北欧らしいと思うのです。

## 32 心地よい灯りと過ごす

コペンハーゲンの街並に東京の看板やネオンを重ねたら、まるで新橋の飲み屋街のようになってしまった……そんな建築プロジェクトがありました。では東京をコペンハーゲンのような雰囲気にするには何が必要でしょう。それは灯りではないかと私は思います。窓辺にともした照明、街灯、食卓の灯り。すぐに暗くなってしまう北欧の冬も、灯りの美しさとあたたかさを実感できるのだから悪くないなと思います。コペンハーゲンを歩くと灯りがどれほど私たちを癒やしてくれるか、思い知るのです。街の灯りを丸ごと持ち帰るのは無理でも、わが家の食卓や窓辺に北欧の灯りをともしたい。そう思って、ゆっくりと時間をかけてとっておきの灯りを探すのです。

毎年2月に開催されるストックホルムのファニチャー・ライト・フェアでは名作照明が一堂に会します。会場でひと目惚れしたレ・クリントのハート型ランプは、デンマークのクリスマスにかかせない飾りをそのまま照明にしたデザイン。レ・クリントやルイス・ポールセンなど北欧を代表するメーカーのショールームでは、照明の合わせ方や飾り方も参考になります。

## とっておきの灯りが見つかる場所

🇩🇰 Le Klint レ・クリント (コペンハーゲン)
http://www.leklint.com

Louis Poulsen ルイス・ポールセン (コペンハーゲン)
http://www.louispoulsen.com

🇳🇴 Pur Norsk プル・ノシュク (オスロ)
http://www.purnorsk.no

🇸🇪 Stockholm Furniture Light Fair
ストックホルム・ファニチャー・ライト・フェア (ストックホルム)
http://www.stockholmfurniturelightfair.se

75

## 33 NO BEER NO LIFE

北欧に留学したら最初に覚える言葉はビールである、とはじつに納得できる説。彼らは水のようにビールを飲みます。それでも最近はワイン派が増え、「ビールなんておじさんの飲み物」と若い世代に敬遠される傾向があったそう。そんな流れを一気に変えたのがコペンハーゲン発のミッケラー。サイダーのようなフルーティな味、ハーブやベリーなど北欧らしい食材を使った奥深い味は食事にも合わせやすく、ビールは苦手という人も魅了してしまうほど。女性ひとりでも気軽に入りやすいインテリアもファン層を広げている理由のひとつ。ミッケラーに続けと、おしゃれなビアバーは北欧各地で増えています。カフェに行く感覚でビールを楽しんでみませんか？

コペンハーゲンから電車で行けるスウェーデンの街、マルメにあるビアディッチもカフェのような明るい雰囲気で入りやすいビアバー。

## おしゃれなビアスポット

🇩🇰 Mikkeller/Mikkeller & Friends
ミッケラー／ミッケラー＆フレンズ
(コペンハーゲン)
http://mikkeller.dk

🇸🇪 Omnipollo オムニポロ (ストックホルム)
http://www.omnipollo.com

Beer Ditch ビア・ディッチ (マルメ)
https://beerditch.com

🇳🇴 Grünerløkka Brygghus
グルーネルロッカ・ブリッグフース (オスロ)
http://brygghus.no

🇫🇮 Teerenpeli テーレンペリ (ヘルシンキ)
http://teerenpeli.com

## 34　北欧の音色

北欧はじつはジャズの街です。1960年代、本場アメリカでジャズが低迷している時代にミュージシャンたちをあたたかく迎えたデンマーク。スウェーデンでは国民的歌手のアリス・バブスやモニカ・ゼタールンドがジャズの魅力を広めていました。いまでも北欧のカフェや街角ではジャズが流れています。北欧きってのユニークなジャズバンドといえばカーリン・ファミリー・バンド。演奏の合間にジャグリングをしたり、一輪車に乗って演奏をしたりと観客の度肝を抜くパフォーマンスを披露します。コペンハーゲンで最も古いジャズクラブ、ラ・フォンテーヌでは毎週日曜の夜に名物ジャムセッションを開催。若者にも人気が高く、次の世代にジャズを伝える場所となっています。

スウェーデン国王の誕生日パーティで演奏したこともある人気トロンボーン奏者、ガンヒルド・カーリンがファミリーバンドの中心人物。日本のジャズフェスティバルにも招待されたこともある実力派です。カール皇太子の結婚に際して贈った "My Fairytale Comes True" も名曲！
左ページ) 飛び入りミュージシャンも多い、ラ・フォンテーヌのジャムセッション。

ガンヒルド・カーリン＆カーリン・ファミリーバンド　http://www.gunhildcarling.net

## 気軽にジャズが聴ける場所

🇩🇰 La Fontaine ラ・フォンテーヌ (コペンハーゲン)
http://www.lafontaine.dk

🇸🇪 Stampen スタンペン (ストックホルム)
http://www.stampen.se

🇳🇴 Blå ブロー (オスロ)
http://www.blaaoslo.no

🇫🇮 Juttutupa ユットゥトゥパ (ヘルシンキ)
定期的にライブ演奏のあるビアレストラン
http://www.juttutupa.fi

## 35 北欧式クリスマスの過ごし方

「北欧で過ごすクリスマス」と聞くと素敵な響きですが、クリスマスイブから当日にかけては街も人も完全にオフ状態になってしまうのが北欧です。クリスマスマーケットが開催され、デパートが普段よりも遅くまでオープンしていたそれまでの喧騒とは裏腹に24日の午後にはほとんどの店が閉まり、両手にプレゼントを抱えて街を歩いていた人々はぱったりと姿を消してしまいます。クリスマス当日、トラムも止まっていたヘルシンキの街中を歩くと中央駅横のアイススケートリンクだけが賑わっていました。その徹底した休みぶりには唖然としますが、一年に一度のクリスマスをいかに特別にしているかがわかります。みんなが家でクリスマスを祝うと、こうなるのですね。

イブから翌日26日までがクリスマスの祝日。前後の週末から長期休暇を取る人もたくさんいます。レストランはおろかホテルも閉まり、普段は人出の多い繁華街もゴーストタウンのように。昔に比べると営業しているお店も少しは増えているようですが、街が賑やかな日本のクリスマスとの違いには驚きます。街中のイルミネーションの美しさはクリスマス時期ならでは。

## 北欧のクリスマスを楽しむ場所

- 🇸🇪 Skansen スカンセン (ストックホルム)
  スカンセンはクリスマスイブは入園無料に。伝統的なクリスマスの飾りや味が並ぶクリスマスマーケットも人気です。
  http://www.skansen.se

- 🇩🇰 Tivoli チボリ公園 (コペンハーゲン)
  4月〜9月の営業で、冬季は基本的に閉園していますが、ハロウィンとクリスマス時期は開園。クリスマスイブは夕方までオープン。
  http://www.tivoli.dk

## 36 北緯66.33度のあたたかさ

　北極圏にあるラップランドといえばオーロラが有名ですが、実際に訪れて感動したのは身近な自然の美しさでした。雪に覆われた静かな森、太陽が高く昇らないためにいつまでも続く夕焼けのようなピンク色の空。ラップランドならではの条件が生み出す見事な自然に息を呑み、あの雪と氷と光の世界から北欧のガラス製品や工芸品が生まれたのだなと思いが巡ります。零下30度にもなるというのに彼の地でのぞき見た暮らしは快適そう。部屋に入ればほどよいあたたかさで、街中はきちんと雪が整備され、優れたデザインがあちこちに。水がおいしくてサウナがあって、ベリーや魚介など自然の恵みがおいしくて。人生で一度は行くべき場所として、街歩き派の私も心からおすすめしたいのです。

ラップランドの玄関といわれるフィンランドの街、ロヴァニエミで出会ったマッカラ（フィンランドのソーセージ）のお店。フィンランド人のバーベキュー好きはラップランドでも変わりません。

ロヴァニエミから移動する道の途中、森の中にぽつんとあったカフェ。ドーナツが絶品でした。

## ラップランドとは

ノルウェー、スウェーデン、フィンランド、ロシアにまたがる地域で、その大半が北極圏（北緯66度33分以北）に属しています。ヨーロッパの先住民であるサーミ族が暮らし、サンタクロースが住む場所としても知られます。

## 37 サウナのあとの湖

フィンランドへ来たら絶対に体験した方がいいこと。それはサウナです。湖のそばに建つサウナ小屋で汗を流して、そのまま湖にドボン！サヴォンリンナにあるコテージ、ロマモッキラではそんな伝統的なサウナ体験をしました。秋風の吹く肌寒い夜で、湖に入るのなんて無理……と思っていましたが、サウナで体があたたまると飛び込みたくなるから不思議。冷たい湖の水が気持ちよくて何度も繰り返してしまいました。公共サウナで地元の人と会話しながら汗を流すのもフィンランドならではの時間。フィンランドの国民的ドリンク、ロンケリやビールを片手に入る人も多く、サウナの中ではシャイなフィンランド人がいつになく饒舌に。古くから社交の場といわれるのも納得なのです。

湖に飛び込むのは夏だけではありません。凍った湖に入ったり、雪の中にダイブするのもお約束。フィンランドでは多くのホテルがサウナ付きで、街中には公衆浴場のような庶民的なサウナもあり、レストランやバーにサウナが併設されていることも。写真はすべてロマモッキラ。

## サウナを試すなら

**Löyly ロウリュ (ヘルシンキ)**
ヘルシンキの海沿いエリアにできたばかりのレストラン併設のおしゃれなサウナ。伝統的なスモークサウナもあります。
http://www.loylyhelsinki.fi

**Lomamokkila ロマモッキラ (サヴォンリンナ)**
http://www.lomamokkila.fi

**Helsinki Sauna Day**
ヘルシンキ・サウナデイ
2016年からスタートした、自宅や会社のサウナを一般にオープンして交流する日。
http://www.helsinkisaunaday.fi

## 38 コロニーヘイヴに潜入

コペンハーゲンの友人にコロニーヘイヴへ連れて行ってもらったことがあります。コロニーとは集落、ヘイヴとは庭のこと。コペンハーゲンやストックホルムなど都会で暮らす人々が気軽に土いじりができるようにと1区画ずつ借りられる小屋付きの小さな庭のことなのです。もともとは戦時中や不況の時代に国民が野菜を自給自足できるようにとはじまったもので、いまでも家庭菜園を楽しむ人はたくさんいます。基本的に簡素な小屋が多いのですが、そこはさすがデンマーク人。ステンドガラスをはめたり、レトロな棚を取り付けたりと雰囲気のある空間にしています。各庭の扉や郵便受けもいちいち写真に撮りたくなる可愛さでした。

日本では市民菜園とよばれるコロニーヘイヴ。現在は人気が高く、借りるのにずいぶん順番待ちをするのだそう。スウェーデンではコロニーロットなどの名前で呼ばれています。

## 市民菜園をのぞくなら

🇸🇪 Eriksdalslunden（ストックホルム）
ストックホルムの街中にあるコロニーロット。市民菜園の歴史を紹介する小さな博物館もあります。(6月〜9月の週末のみオープン)
http://www.eriksdalslunden.se

## 39 LOVE！おみやげ屋さん

観光地のおみやげ屋さんと聞いて身構えてしまう人は少なくないでしょう。かくいう私もそのひとりでしたが、北欧のおみやげ屋さんは大好物。これでもかというほどの国旗グッズに、サンタクロース、トナカイやヘラジカなど北極圏の人気キャラ、そしてお約束のトロール人形。これって日本で外国人が微妙な着物や和風小物に手を出しているような感じかしらねと思いつつ、ちょいダサめのぬいぐるみやキーホルダーなど、つい手に取ってしまいます。北極イワナのペンダントには思わず笑ってしまいましたが！ストックホルムの野外博物館スカンセンのギフトショップはセンス抜群。北極圏のリゾートタウン、レヴィの街にも目を引くおみやげ屋さんが並んでいます。

左上・右上）サンタクロースのお手伝いをする妖精トントゥの置物や手袋はレヴィのおみやげ屋さんで。左下・右下・左ページ）スウェーデンを代表するおみやげのダーラナホースや、木製小物、白樺や松で編んだかごが並ぶスカンセンのギフトショップ。

## 気になるおみやげ屋さん

🇸🇪 Skansen Gift Shop スカンセン・ギフトショップ (ストックホルム)
園内の他、園の入口前にもあり、スカンセンに入場せずにショップのみ利用もできます。
http://www.skansen.se

🇸🇪 Ebba&Erikki エッバ・エリッキ (レヴィ)
http://www.ebbajaerkki.fi

## 40 ごきげんな空港

コペンハーゲンのカストラップ空港にはじめて降り立ったとき、空港にも居心地の良し悪しってあるのだなと実感しました。木をふんだんに使ったフロア、わかりやすいサイン。長い空の旅のあとで疲れた体がほっとひと息つき、この空港にはストレスがない！と感動したものです。荷物を運ぶカートも空港に並ぶ椅子もついカメラを向けたくなるデザインが並び、疲れていても気分があがってしまうのです。ラップランドのキッティラ空港は待合室から歩いて飛行機に乗り込む、ちいさな空港ながら感動する美しさ。アアルトの照明がいくつも並び、カフェカウンターもロビーも絵になる。空港は旅の最初と最後に北欧デザインの心地よさを感じる場所なのです。

上）キッティラ空港のロビー。最後に駆け込みショッピングをしたり、バーで1杯も魅力ですが、待合室の美しい椅子に腰掛けて、ただのんびり過ごしたくなる空間。左ページ）カストラップ空港。ストックホルムやオスロなど日本からの直行便がない都市への乗り継ぎもとてもスムーズ。

アアルトの名作照明ゴールデンベルが連なるキッティラ空港の待合スペース。

### 北欧の美しい空港

🇩🇰 Kastrup コペンハーゲン・カストラップ空港
https://cph.dk

🇳🇴 Gardermoen オスロ・ガーデモエン空港
https://avinor.no/flyplass/oslo

🇸🇪 Arlanda ストックホルム・アーランダ空港
http://www.swedavia.se/arlanda

🇫🇮 Vantaa ヘルシンキ・ヴァンター空港
http://www.finavia.fi/fi/helsinkivantaa

　Kittilä キッティラ空港
http://www.finavia.fi/fi/kittila

## ゆるcolumn
# 北欧で踊って

北欧へ行くようになったきっかけのひとつはダンス。アメリカ発祥ながら80年代からスウェーデンで大きなブームとなったスウィングダンスのイベントにたびたび参加しています。ストックホルムから車で2時間ほどのちいさな街ヘラングでは世界最大規模のダンスキャンプが30年以上、続いています。ストックホルムでは年越しダンスパーティが開催され、どちらも世界中からダンサーが集まる大きなイベントです。ヘラングはスウェーデン魂を目の当たりにできる場所でもあります。日中はレッスン、夜は毎晩ダンスパーティが5週間続き、会場設営から長期間のキャンプ運営をすべてボランティアスタッフで切り盛りするパワーには脱帽。1週間ボランティアとして働くと翌週は無料でレッスンが受けられるなど仕組みも上手くできています。また毎週水曜日は文化交流の日としてサイクリングやサッカーをしたり、他国の言葉や文化を学ぶワークショップに参加することになっています。ダンスキャンプなのにレッスンがない日があるとは驚きでしたが、思えば多様な文化を受け入れるスウェーデンらしい発想。子育て世代が増えるにつれキッズクラスも増え、キャンプ場内に託児所もできました。私がはじめて北欧で泳いだのも、珍味シュールストレミングを食べたのも、このキャンプでした。
ストックホルムのダンサーたちの本拠地、シカゴ・ダンススタジオでは毎週スウィングやタップダンス、社交ダンスのレッスンやパーティを開催しています。ストックホルムのダンサーたちはおしゃれで有名。ビンテージの服に身を包んだダンサーたちを見るのもまた楽しいのです。

## マイ・ベスト・ゆるスポット

旅の途中でほっとひと息つきたいときに向かう場所、いつかもう一度行きたい忘れられない場所。北欧4か国のお気に入りゆるスポット。

# Stockholm ストックホルム

## Vete Katten ヴェーテカッテン

### 老舗カフェの秘密の場所

ストックホルムっ子なら誰でも知っている老舗カフェ、ヴェーテカッテン。入り口はそれほど広くないものの店内に入ってみると奥行きがあって、うなぎの寝床のような間取り。じつはレジ横を通り抜けることができて、その奥にもカフェスペースがあります。地元の友人に教えてもらったのですが、これは知らないとなかなかたどりつけません。実際、地元の人にもそれほど知られていないとか。入ってすぐのカフェスペースはいつも混雑しているけれど、こちらは比較的空いているので、お替わり自由のコーヒーとともにゆっくりフィーカが楽しめます。

Vete Katten
Kungsgatan 55, 111 22 Stockholm    http://www.vetektten.se

ストックホルム **Stockholm**

## Rosendals Trädgård ローゼンダール・トレードゴード

### みんなのための庭

北欧には美しい公園がたくさんあるけれど、うちの近所に欲しいなあと思うのはローゼンダール。温室があって、おしゃれでヘルシーなカフェがあって、美しい草花が買える公園の優等生のようでありつつも、一方で迷路のような植栽があったり、大人も遊びたくなるユニークな遊具があったりとその魅力は尽きません。夏休みはもちろん、週末になると森や市民菜園にでかけて「自然の中で過ごさないと、調子がおかしくなっちゃう」と話す北欧の人たち。ストックホルムに暮らす人々にとって、ここはいちばん身近な森であり、庭なのです。

🇸🇪 Rosendals Trädgård
Rosendalsterrassen 12, 115 21 Stockholm   http://www.rosendalstradgard.se

# Oslo オスロ

## Blå ブロー

### アートとライブとワッフルと

オスロの街の真ん中を流れるアーケル川沿いに建つブロー。グラフィティアートが目立つ建物はギャラリーでありライブハウスでもあり、昼と夜ではまったく違う顔を見せます。夜は国内外のミュージシャンが毎晩演奏し、オスロ屈指のナイトスポットとして賑わいを見せ、毎週日曜の午後には地元のクリエイターが出店するサンデーマーケットを開催。橋の上までさまざまな商品が並び、定番おやつのワッフルを売るお店も。ビール片手にライブを楽しむのもよし、ワッフル片手におみやげ探しをするもよし。昼ならそのまま川沿いの散歩も気持ちよいスポットです。

Blå
Brenneriveien 9, 0182 Oslo http://www.blaaoslo.no

オスロ Oslo

## Vigelandsparken ヴィーゲラン・パーク

### 笑って真似して感動する

どこか笑いを誘う作品……というよりも爆笑必至の彫像が並ぶヴィーゲラン・パーク。オスロっ子が愛する公園には稀代の天才彫刻家グスタフ・ヴィーゲランの作品212点が並んでいます。並木道や橋の造りも美しい公園全体の設計もヴィーゲラン自身によるもの。公園の中心にある巨大な石柱モノリッテンを目指し、長い階段をのぼりきってから後ろを振り返るとオスロの街が一望できて、その見事な眺望にまた感激。『おこりんぼう』の像がとくに有名ですが、思わず真似したくなるチャーミングな彫像がひしめいています。

🇳🇴 Vigelandsparken
Nobels gate 32, 0268 Oslo   http://www.vigeland.museum.no/no/vigelandsparken

# Copenhagen コペンハーゲン

### Kihoskh キオスク

### 豊かな暮らしの味

北欧各地でどんどん増えているのがオーガニック食材店。コペンハーゲンにあるキオスクもそんな流行の食材店のひとつと思いきや、ミッケラーとの独自コラボビールあり、店内に入ればポスターや本、レコードも売っている、なかなかに奥が深い店。おいしいパンがお目当てのお客さんもいれば、ビール片手にテラス席でおしゃべりに興じるおじさんたち、クリスチャニアバイクで子どもと一緒に訪れる親子と顧客層もさまざま。コペンハーゲンで暮らすなら、こんなお店の近くもいいなと思って、まずは近くのホテルをチェックしてしまうのです。

⊕ Kihoskh
　Sønder Boulevard 53, 1720 København　https://www.kihoskh.dk

コペンハーゲン **Copenhagen**

## Tivoli チボリ公園

### 大人もはしゃぐレトロな時間

世界で2番めに古い遊園地として世界にその名を知られるチボリ公園。ガイドブックにも必ず載っているコペンハーゲンを代表する観光名所のひとつです。観光名所というと一度行けば満足しそうなものですが、何度でも行きたくなるのがチボリ公園。園内にはおいしいレストランも多く、クリスマスマーケットをはじめコペンハーゲンジャズフェスティバルなど、その時期ならではの楽しみ方も。子ども顔負けではしゃぐ大人も多く、シーズンパスを購入して通ってしまう地元っ子の気持ちがわかる魅力いっぱいの遊園地なのです。

🇩🇰 Tivoli
　Vesterbrogade 3, 1630 København　http://www.tivoli.dk

# Helsinki ヘルシンキ

## Cafe Regatta カフェ・レガッタ

### 首都なのにまるでサマーハウス

伝統的な赤い壁の小屋をはじめ、どこを切り取っても絵になるカフェ・レガッタ。目の前の海でボートレースが開催されることから、この名がついたとのこと。観光客も多くいつも混雑しているけれど、それでも行きたくなるのは首都ヘルシンキにいながら田園地方のような、のどかな時間が流れているから。海に面した敷地内にはカフェと同じ赤い壁の巣箱があり、ブランコがあり、フィンランド人が大好きなソーセージ、マッカラを焼くバーベキューコーナーもあります。どこまでもフィンランドらしい時間が流れる、唯一無二の場所なのです。

Cafe Regatta
Merikantovägen 8, 00260 Helsinki
https://www.facebook.com/Cafe-Regatta-official-125305227553336

ユヴァスキュラ **Jyväskylä**

## Muuratsalon Koetalo アアルト 夏の家

### 名建築とのつきあい方

はじめての北欧旅行はアアルト建築をめぐる旅でした。フィンランド各地にあるアアルト作品を調べて見学日程を組み、鼻息荒く乗り込みましたが、実際に訪れて印象に残ったのは、地元の人たちの建築とのつきあい方でした。夏の家は周りを森と湖に囲まれ、昔は船で対岸から渡ってきたという自然のど真ん中にあります。近隣の人たちはその敷地内を自由に犬の散歩をさせたり暑い日には泳いでいるのでした。ああ、今度来るときには私も水着を持ってこなくちゃね、と足先だけぽちゃぽちゃと湖に浸しながら羨ましく思ったのでした。

🇫🇮 Muuratsalon Koetalo
http://www.alvaraalto.fi/koetalo.htm 夏期(6月〜9月中旬)のみ公開 ガイドツアーで見学可能(要予約)

# Rovaniemi ロヴァニエミ

## Rovaniemen kaupunginkirjasto ロヴァニエミ市立図書館

### 最高に美しい日常

ラップランドの首都ロヴァニエミは、アアルト作品がいくつも見学できる街として建築好きに強くおすすめしたい場所。街中には市庁舎、図書館、シティホールと3つのアアルト建築が並び、中でもとくに心奪われたのが図書館でした。訪れたのは2月で、周りは雪に囲まれていましたが、館内に入ると天窓から取り込んだ日差しと、アアルトの照明が明るい空間を生み出していました。アアルトが設計したテーブルや美しい灯りがふんだんに、あたりまえに使われていて、この街に暮らす人たちが羨ましくなったものです。

✚ Rovaniemen Kaupunginkirjasto　Hallituskatu 9, 96100 Rovaniemi

レヴィ **Levi**

## Cafe Soma Levi カフェ・ソマ

### 忘れられないプッラの味

訪れた北欧の街々それぞれに忘れがたいカフェがあります。そして時折このカフェに来るために、この街にまた来たいと思わせるカフェにめぐり逢います。ラップランドの街、レヴィにあるカフェ・ソマもそのひとつ。カウンターに並んだ菓子パンとショーケースのケーキの中から、迷った末に選んだイースターの菓子パンとクラウドベリーのチーズケーキがおいしくて、翌日も出発前のわずかな時間に駆け足で飛び込みました。キュートなオーナーと、パンやケーキをすべて手作りしているスタッフの笑顔も忘れられないカフェなのです。

Cafe Soma Levi
Levinraitti 1, 99130 Kittilä  http://www.cafesoma.com

## ゆるcolumn
# 年越しの儀式

ストックホルムで2度、年を越したことがあります。年末の街中はいつもよりざわついて道ゆく人もそぞろ足。こちらは気ままな旅人なので、そわそわと準備をする地元の人たちを一歩外から眺めていました。北欧の新年は1月1日だけが休日で、2日からほぼ通常営業とクリスマスほどの大型休暇ではありません。それでもレストランには大晦日の特別メニューが登場し、市場は買い出しの人たちで大混雑。駆け足ぎみの時間が流れる中、あちこちで「よいお年を！」の挨拶が飛び交っていました。

ストックホルムでは年越しのダンスパーティに参加しました。いつもよりおしゃれをしてバンドと一緒にカウントダウンして乾杯！ふと見ると窓の外には花火が上がっていました。花火は年末の恒例行事で、とくにコペンハーゲンの花火は過激で有名です。誰も彼もが打ち上げ花火を手にして、どこから花火が飛んでくるかわからないほどのカオス状態となり、毎年怪我をした人や火事になった家がニュースで報じられるそう。クリスマスは家族で過ごすものですが、大晦日は友人と過ごすもの。そのせいか羽目を外す人が増えるのかもしれません。

1月1日の朝、街に出てみるとカフェやショップの多くは閉まっていて静かなもの。ぽつりと開いていたチェーン系のコーヒーショップに立ち寄ると同じようにカフェ難民になっていた人で賑わっていました。ちなみに北欧では年を越してからクリスマスツリーを片づけます。お店の棚には、年が明けてもクリスマスグッズが残っていることも。クリスマスの余韻がまだ漂っている、それが北欧の新年のようです。

# 北欧ゆるとりっぷを楽しみたい方に

北欧ゆるとりっぷに登場する街

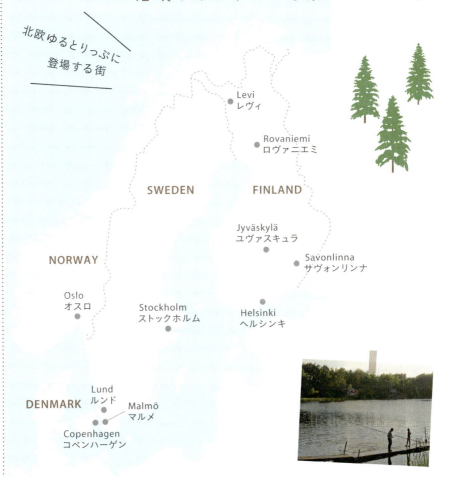

## 直行便はやっぱりラクです

スカンジナビア航空はコペンハーゲンへの直行便、フィンランド航空はヘルシンキへの直行便があり、北欧各都市への乗り継ぎもスムーズ。

スカンジナビア航空
https://www.flysas.com/ja-JP/jp
フィンランド航空
http://www.finnair.co.jp

## ゆるとりっぷならツアーもおすすめ

この本で紹介している場所は、個人旅行では行きにくい場所もあります。サマーハウスステイや森でベリー摘みを体験したい方、北極圏への旅を考えている方には旅行会社のツアーもおすすめ。北欧旅行に強いフィンツアーや北欧トラベルなら、北欧ゆるとりっぷの相談にのってくれますよ。

フィンツアー https://www.nordic.co.jp
北欧トラベル http://www.tumlare.co.jp

## 北欧ゆるとりっぷのおみやげ

プチプライスで気軽に買える品から無料のグッドデザイン、くすっと笑いたくなるモノ、心奪われた可愛いあれこれ。北欧ゆるとりっぷを思い出させてくれるおみやげたち。

🇸🇪 スウェーデンみやげの定番は、1930年代からつづくレトロなパッケージのマッチ。大きなサイズもあります。

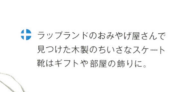

🇫🇮 ラップランドのおみやげ屋さんで見つけた木製のちいさなスケート靴はギフトや部屋の飾りに。

🇫🇮 つい手を伸ばしてしまうネコもの。ヘルシンキのトウッカ(P.17)で見つけたミンナ・マキパー(http://www.minnamakipaa.com)のカード。

🇸🇪 各地で訪れたミッケラー(P.77)から持って帰るコースター。スウェーデンの国章をモチーフにしたデザインが素敵。

🇩🇰 デンマークを代表するビール会社、ツボルグのバッジはコペンハーゲンの蚤の市で見つけたもの。

🇫🇮 フィンランドのスーパーマーケットにある乾燥キノコ。パッケージもグッドデザインです。

🇫🇮 フィンランドでイースターに飾る、ちいさなひよこたち。ぎゅうぎゅう詰めがなんとも可愛い。

- 🇫🇮 白樺でできたヘラジカ型のポットウォッチャーはフィンランド、ヴェイコ(veico)社のもの。

- 🇫🇮 オイヴァ・トイッカのバードシリーズ(P.53)が紹介されている、10cm四方ほどのちいさなカタログ。

- 🇳🇴 ノルウェーで必ず買って帰るサバのトマト煮缶。魚だらけのパッケージもお気に入り。

- 🇩🇰 オスロの蚤の市で最初に見て、コペンハーゲンの蚤の市で再会した木製のネコ型塩入れ。

- 🇫🇮 観光案内所で手に入れたヘルシンキのマップ。グッドデザインなのでおみやげにしても喜ばれます。

- 🇫🇮 ヘルシンキの蚤の市で見つけた古い本は楽譜集！中面にも可愛いイラストが描かれています。

- 🇸🇪 スウェーデン製のハチミツやベリー、シアバター入りのちいさな石鹸は、飾っておきたいパッケージ。

- 🇩🇰 ミッケラー(P.77)本店のコースター。アメリカ人のグラフィックデザイナー、キース・ショアによるデザイン。

- 🇫🇮 ヘルシンキのディスカウントショップで見つけた、ギフトなどに付ける飾りのキノコ。

あとがき
# 寄り道したって、いいじゃない

乗るべきバスを間違えたり、レストランで頼みたかったものと違うものが出てきたり。思えば旅先でたくさん失敗をしてきましたが、失敗が笑えるようになると旅は楽しくなると気づいたのは、わりと最近のこと。効率よく上手く切り抜けることもいいけれど、失敗もまたよし、なのです。

間違えて降りたバス停で可愛いお店を見つけたり、食べるはずではなかったメニューがおいしかったり。そんな災い転じて福となす経験ができることもありますし、北欧では困っていると手を差し伸べてくれる人が多いので「困ったからこそ彼らの親切に触れることができたんだなあ」と、寄り道もいいじゃないと思うのです。

「北欧ゆるとりっぷのすすめ」と言いつつ、私自身も取材に撮影に追われていると、せっかく北欧に来ているのに焦ってばかり、なんてこともあります。そんなときに失敗をやらかすと「あーーーー！」と天を仰ぎたくなりますが、きっとそれは「ちょっと、気持ちをゆるめなさいな」という合図なのかもしれないと思うようになりました。

何より旅先での失敗って、あとあと笑い話になるんですよね。得した体験や上手くいった体験もいいのですが、失敗した話って面白い。そして案外いつまでも心に残って自分を笑わせてくれたりする。失敗や間違いや寄り道が笑えるようになったら「北欧ゆるとりっぷ」がもっと楽しめるようになるのかなと思うのです。

Special Thanks to
Kirsten Bak and her family
フィンツアー
フィンランド大使館
遠藤悦郎
Johan Walter

text : Yuriko Mori
Photographs : Masatake Mori & Yuriko Mori

édition PAUMES
Art direction : Hisashi Tokuyoshi
Design : Kei Yamazaki, Megumi Mori
Editor : Coco Tashima
Sales manager : Rie Sakai
Sales manager in Japan : Tomoko Osada

Impression : Makoto Printing System
Distribution : Shufunotomosha

## Yuriko Mori 森 百合子

コピーライター。北欧BOOK代表。著書に『3日でまわる北欧』シリーズ（スペースシャワーネットワーク）『北欧のおもてなし』（主婦の友社）など。執筆の他にも、北欧ぷちとりっぷ、北欧式コーヒーパーティのすすめ等イベントの企画・運営、監修を行い、雑誌・広告といったメディアに出演するなど幅広く活動。2012年より東京・田園調布で北欧ビンテージ雑貨の店「Sticka スティッカ」をスタートし、スタイリングやコーディネートも手がける。
http://hokuobook.com/

## édition PAUMES　ジュウ・ドゥ・ポウム

フランスをはじめ、海外のアーティストたちの日本での活動をプロデュースするエージェント。そして世界中のアーティストたちの活動やライフスタイルなどを紹介した、多くの書籍を手がけている。近著に『パリに行きたくなる50の理由』など。また、アーティストの作品をセレクトしたショップ「ギャラリー・ドゥー・ディマンシュ」を表参道にて運営。
www.paumes.com
www.2dimanche.com

Slow Travel to Nordic

北欧ゆるとりっぷ
心がゆるむ北欧の歩き方

2016年10月31日　初版第1刷発行

著者：森 百合子

発行人：徳吉 久、下地 文恵
発行所：有限会社ジュウ・ドゥ・ポゥム
　　　　〒150-0001 東京都渋谷区神宮前3-5-6
　　　　編集部 TEL / 03-5413-5541
　　　　www.paumes.com

発売元：株式会社 主婦の友社
　　　　〒101-8911 東京都千代田区神田駿河台2-9
　　　　販売部 TEL / 03-5280-7551

印刷製本：マコト印刷株式会社

© Yuriko Mori 2016 Printed Japan
ISBN 978-4-07-419621-0

Ⓡ＜日本複製権センター委託出版物＞
本書を無断で複写複製(電子化を含む)することは、著作権法上の例外を除き、禁じられ
ています。本書をコピーされる場合は、事前に公益社団法人日本複製権センター(JRRC)
の許諾を受けてください。
また本書を代行業者等の第三者に依頼してスキャンやデジタル化することは、たとえ個
人や家庭内での利用であっても、一切認められておりません。
日本複製権センター(JRRC)
http://www.jrrc.or.jp　eメール：jrrc_info@jrrc.or.jp　電話：03-3401-2382

＊乱丁本、落丁本はおとりかえします。お買い求めの書店か、
　主婦の友社 販売部 03-5280-7551 にご連絡ください。
＊記事内容に関する場合はジュウ・ドゥ・ポゥム 03-5413-5541 まで。
＊主婦の友社発売の書籍・ムックのご注文はお近くの書店か、
　コールセンター 0120-916-892 まで。主婦の友社ホームページ
　http://www.shufunotomo.co.jp/ からもお申し込みになれます。

## ジュウ・ドゥ・ポゥムのクリエーション・シリーズ
### 北欧ガイドブックライター 森百合子さんの本

#### Nordic Style Home Party
#### 『北欧のおもてなし』

招き猫ウニが案内する、北欧式いらっしゃいませ！
仲間と過ごす居心地のいいインテリアの作り方
パーティでの食器やテキスタイルの使い方
みんなで食べたい北欧ごはんとおやつ。
北欧式ホームパーティのアイデアとレシピ35。

著者：森 百合子
ISBNコード：978-4-07-402201-4
判型：A5・本文112ページ・オールカラー
定価：本体1,600円（税別）

#### 21 Retro Stories from Stockholm
#### 『北欧レトロをめぐる21のストーリー』
ストックホルムで見つけた古くて可愛いもの

レトロ・デザインの魅力を知れば
北欧スウェーデンの街歩きは、もっと楽しい！
ストックホルムのレトロなライフスタイルを
美しい写真と楽しいストーリーで紹介する、
ちょっと変わった、北欧案内。

著者：森 百合子
ISBNコード：978-4-07-298755-1
判型：A5・本文112ページ・オールカラー
定価：本体1,600円（税別）

### ジュウ・ドゥ・ポゥムの北欧ガイドブック

#### Helsinki Kawaii Guide
#### -design, cafés and other lovely finds
#### 『北欧雑貨めぐりヘルシンキガイド』

フィンランドで探す、かわいいデザイン。
ヘルシンキで出会った素敵なお店＆カフェ52店を
たっぷりの写真で紹介する、フォト・ガイドブック。

著者：ジュウ・ドゥ・ポゥム
ISBNコード：978-4-07-292149-4
判型：A5・本文128ページ・オールカラー
定価：本体1,700円（税別）

#### Kawaii Stores Sstockholm
#### 『北欧ストックホルムの雑貨屋さん』

北欧デザインの街ストックホルム。
手のぬくもりを感じる、伝統的なハンドクラフトから
モダンデザインまで、41店舗の雑貨屋さんへとご案内。

著者：ジュウ・ドゥ・ポゥム
ISBNコード：978-4-07-281513-7
判型：A5・本文128ページ・オールカラー
定価：本体1,800円（税別）

### www.paumes.com

ご注文はお近くの書店、または主婦の友社コールセンター（0120-916-892）まで。
主婦の友社ホームページ（http://www.shufunotomo.co.jp/）からもお申し込みになれます。